Sangrando sobre cristales

Sangrando sobre cristales

Laura Orts Sánchez

TEXTOS
Laura Orts Sánchez

PORTADA
Lily Vainylla (@lilyvainylla_)

MAQUETACIÓN
Andrea Gómez Expósito

NÚMERO DE EDICIÓN
Primera

EDICIÓN
Postdata Ediciones

ISBN
978-84-19411-71-6

DEPÓSITO LEGAL
V-1288-2024

Sanar reconstruye, pero también rompe.

MALAS DECISIONES

Aquel día mi vida cambió. En ese mismo instante comencé a adentrarme en la oscuridad, sin saber que ésta acabaría conmigo. Estaba rota y aquella sensación me acogió con tanta fuerza que me enamoré. Sí, me enamoré de la oscuridad, de esas manos frías que me acariciaban agresivamente en cada rincón.

Todas las noches, sus canticos de sirena me susurraban al oído los temores más profundos que habitaban en mi interior. Consiguió transportarme a ese mundo gris, lleno de caminos estrechos con miles de atajos peligrosos. Me recibió con una sonrisa, pero mi ingenuidad todavía no sabía que detrás de ella se escondían los lugares más amargos y desgarradores que visitaría en mi vida. Me tuvo tan obnubilada durante años que aprendí a vivir con ella, me hizo creer que sin su presencia estaría perdida.

Cada noche antes de dormir, rompía la ventana de mi habitación y entraba en mi mente, cogía mis manos, me apartaba el pelo de la cara y juntas nos sentábamos sobre aquella ventana rota. Su mirada sombría se clavaba en cada movimiento que hacía y con la dulzura de una canción de cuna me obligaba a escribir su historia sobre mis muñecas. Todas las noches igual, no me dejaba apartar la vista, ni respirar, ni moverme, solo podía contemplar cómo sangraba sobre aquellos cristales.

Después, lamía mis heridas, hincaba con fuerza los cristales que amenazaban con escapar de mi cuerpo y me dejaba sobre la cama con tal delicadeza que nunca llegué a saber si estaba en mi habitación o en cielo.

HIELO

El principio del fin

Hoy, sí, ahora, lo he vuelto a hacer. Me ha podido la locura, mis pensamientos me han inundado y cuando he querido darme cuenta, ya estaba sangrando. Ya me había matado, otra vez. Sí, cuando he querido darme cuenta he vuelto a ser esa niña de 14 años que bailaba con la muerte, que jugaba a ser mayor con una cuchilla entre sus manos.

Hoy he vuelto a caer, sí, ¿y qué? Cuando más lo necesito, algo me falta… alguien me falla. Mientras tanto, me ahogo y nadie se da cuenta, mientras muero por dentro, en el mundo, llueve ignorancia.

Y así será siempre, una niña que se mata, una niña que poco a poco muere por dentro y nadie la salva, nadie le saca de su jaula.

El día que Ana y Mía se presentaron

Qué extraña sensación esta… la boca me sabe a poco, la vida me sabe a poco. Encuéntrame, quiéreme y piérdeme…

En los rincones más oscuros hállame. Gritando. Llorando. Muriendo. Esta locura me consume, esta maldita locura la tuya. Mátame, mátame, pero suave, sin cariño, pero con amor, ese que aún me tienes.

Sigo callada… sigo encadenada. Rómpeme, pero no me hagas daño cuando lo hagas, porque entonces significará que aún te quiero.

Ódiame, pero ódiame fuerte, solo como tú y yo sabemos hacerlo… sin amor, pero con dolor, sin dolor, pero con amor, ese que tú y yo nunca tuvimos, ni tendremos.

Sí, quiéreme, pero bajito como yo lo hago.

Me acostumbré

Me acostumbré a ponerle una sonrisa a todo.
Me acostumbré a despreciarme.
Me acostumbré a mirarme al espejo y sentir asco.
Me acostumbré a sentir que no valía para nada.
Me acostumbré a sentirme inútil.
Me acostumbré a ser la última mierda.
Me acostumbré a no quererme.

Sí, me acostumbré.

Vivía acomodada a esos pensamientos que mi corazón sabía que no estaban bien, pero mi mente no me dejaba, me traicionaba, no quería que saliera de ahí. Quién iba saberlo, todo el mundo cuando ve una cara bonita y sin despeinar piensan que se aman por encima de todo.

A veces tenía dudas de quién era realmente o si existía algo de vida en mi interior. Me sentía vacía a todas horas, sentía que se me paraba el corazón, que el mundo se iba y nada funcionaba si yo estaba allí. Aunque solo eran pensamientos, recuerdos, algunas cosas se hicieron realidad y terminé viviendo en la oscuridad.

Mi rayo de luz en una tarde de yogur y gofres

Esa tarde fue como una cualquiera, hablamos como siempre, nos reímos como siempre, me reí demasiado alto como siempre y tú te avergonzaste un poco, como siempre.

Sí, fue una tarde como cualquier otra que hemos tenido, pero no sé por qué no la sentí como las demás. Fui más feliz contigo que otros días, ahí me di cuenta de que ibas a estar conmigo incondicionalmente. Esa tarde yo no estaba feliz y tú me hiciste olvidarme de todo, otra vez. Me diste la calma que necesitaba entre tanta tempestad mental.

Sonreía. Sonreía, porque tenía delante de mí a alguien que nunca deja de hacerlo. Estaba feliz, porque tenía delante de mí a alguien que me hace estarlo siempre.

A ese torpe vacío

Hace tiempo que estoy perdida, que no me encuentro... hace tiempo que no soy yo, que me perdí entre mil colores que me impedían seguir hacia delante, entre coches, aceras y mucho ruido.

¿Qué me pasa?... Los colores me inundan, me impiden ser como soy, me hicieron daño. Ya no creo en el rosa, ni en el azul, no creo en nada, solo en el negro que llevo puesto.

Los coches pasan rápidamente, aunque solo unos pocos me marcaron y muchos otros partieron hacia un rumbo que no me pertenece.

Camino sobre las aceras, sin pararme a pensar que ellas son las que me mantienen en pie, fuerte, si me caigo puedo apoyarme en ellas.

Maldito ruido, odio ese estúpido ruido que aflora de mil cabezas y que se interpone en cada palabra que sale de mi boca. A cada paso que doy siempre me espera. Cállate, déjame, tú eres lo que no me deja ser.

Demasiado tarde

Me pediste que me fuera, lo hice y cuando estaba bien volviste, pero no, en ese entonces ya no era la misma que conociste hace unos años. Aunque tú seguías siendo la misma imbécil que un día de verano me enamoró… Lo siento, pero ya es tarde, el verano terminó hace tiempo.

Despersonalización

Me está volviendo a pasar, me apago, me dejo, mi mente va por un lado y mi cuerpo por otro, no consigo coordinarme. Ya no sé lo que habla, si mi mente, mi alma, mi boca o mis ojos. Ese puto vacío en el pecho ha vuelto y me tortura cada vez que parpadeo.

Mi cuerpo levita en cada paso que doy, veo la vida pasar a cámara lenta y mi sonrisa vuelve a estar cosida como si de una muñeca de trapo se tratase. Todos los días salgo de casa sabiendo que se me olvida algo, pero aun así me voy sin mirar atrás, siendo consciente de que mi alma está perdida. Quiero volver, pero el problema es que no me sé el camino, aunque a veces dudo de si alguna vez lo he tenido claro o si sé de su existencia.

La verdad es que siempre he pensado que no, la verdad es que no sé ni lo que siento, la verdad... la verdad es que ojalá todo fuera mentira.

Se ha apagado

Sí, se ha apagado.

Lo sé porque ya no tiemblo cuando te miro, ya no. Aunque también es cierto que a veces me dueles, pero no porque te quiera fuerte, sino porque te quiero como quiero quererte y no como no quiero hacerlo.

Sí, se ha apagado.

Y no sabes cuánto me alegro de ello, porque tu desastre estaba en mi cabeza y era imposible de ordenar. Es que llegaste y me asustaste con tus palabras llenas de locura y lo gracioso es que digo que llegaste y que fue de un golpe, pero sé de sobra que mi corazón no se enteró ayer de todo esto y que has sido lo más progresivo que ha existido nunca en mi vida.

Sí, se ha apagado.

Y no se trata de fuego de lo que hablo, ni de ti, sino de que ya nos hemos desgastado, de que ya no hay de dónde sacar, de que hemos llegado al límite y que ahora estamos en la fina línea de caernos o seguir.

¿Y sabes qué? Que no quiero caerme contigo, porque eso significaría que todo se ha terminado.

¿Y sabes? Tampoco quiero seguirte, aunque a veces me lo pongas tan difícil, no quiero hacerlo.

Mientras tanto

Tus labios me llaman mientras los míos solo callan verdades ocultas.

Tus ojos me quieren mientras los míos me torturan.

Tus piernas me arropan mientras las mías solo huyen.

Tus brazos me abrazan mientras los míos me ahogan.

Tus dedos me necesitan mientras los míos ni existen.

Tu corazón grita mi nombre mientras el mío desaparece.

Mientras tú vives, yo muero.

Fingiendo

Fingir estar bien cuando lo único que quieres es hacerte pequeñita y echarte a llorar en cualquier abrazo es una auténtica mierda. Es cierto que dejé de fingir estar bien hace mucho, pero vuelvo a sentirme invisible para los demás, así que creo que lo mejor es respirar profundo, acomodarme el pelo, mirarme al espejo, coserme mi sonrisa falsa favorita y salir por la puerta dando un portazo.

Parada nº312

Ya nada me vuelve hacer feliz como antes, todo se para y ni me doy cuenta, todo pasa y ni lo siento, todo llueve y ni me mojo. Creo que la sangre me controla y eso, en parte, me gusta, porque me hace sentir viva.

Por lo menos sé que ahora estás mejor con el tiempo corriendo, la vida pasando, la lluvia mojándote y sin mí. Lo siento, pero vuelvo a estar parada como un reloj esperando a que le den cuerda y ya no sé vomitar otra cosa que no sean palabras… es lo único que me queda, porque el corazón está empezando a comerse mis ganas.

¿Y sabes qué? Que tengo miedo de ser reloj, de ser palabras, pero sobre todo de ser corazón.

Traición

Perdóname, perdóname por el dolor de mi puñal, no fue con intención de dañarte, simplemente calculé mal la tirada. Cada día que pasa tu herida se cura y la mía supura un poquito más.

La segunda opción

Me sube el calor a las mejillas cuando pienso en escribirte. Me gustaría ser clara con mi cabeza y ordenar el desastre que tengo dentro, pero no sé ni por dónde empezar. Solo sé que tengo ganas de decir que sí, de decirnos que sí. Hacía tiempo que no sentía esta conexión, estas risas que hacen que el tiempo se consuma como si de una cerilla se tratase. No entiendo ese fuego que nos mantiene candentes en todo momento, y menos entiendo por qué no se apaga.

Pero lo que sí que no llego a comprender es, ¿por qué?, ¿por qué vuelvo a estar en mitad de la tormenta? ¿Por qué siempre seré ese momento de indecisión sobre la mesa? ¿Por qué sumaré con quien ya está dividido?

¿Cómo le explico esto a mi corazón? Cuando es el primero que busca reciprocidad. Siento que me pesan los dedos de tanto buscar y siempre encontrar las mismas respuestas.

Por estas razones me volví fría y dura como un iceberg, porque cada vez que alguien choca conmigo se convierte en aquel barco que se hundió.

El juego de la ventana abierta

La dejabas abierta, solo tenía que deslizarme hasta el marco para que tú te acercaras, siempre lo hacías, siempre igual.

Empezó a gustarme tu juego y cada vez me aproximaba más y con más fuerza. Me aprendí tu patrón de movimientos como quien se aprende las preposiciones, rápido, de carrerilla y para siempre.

Hasta que llegó el día en el que el juego me gustó tanto que me acerqué tan rápido que me pillé los dedos con la ventana y me clavé todos sus clavos y astillas.

Dolía demasiado, pero solo pensaba en sangrar hasta los más profundos cristales que había enquistados en mi corazón.

Me oíste gritar, pero no me viste sangrar, ese fue el fallo.

Por suerte, conseguí escapar más rápido de lo que pensaba. Recuperé mis fuerzas.

Mis palabras, mis historias, mi tinta, mi papel, mis lágrimas, mis noches, mi almohada, mi sangre… Es cierto que ambas sabíamos lo que había entre nosotras, pero yo decidí arriesgarme y jugar a tu juego de la ventana abierta. Tu don de llevarlo todo al extremo me volvió loca.

Ya no sé quién eres. Bueno sí, sí lo sé. Fuiste la persona que me enseñó que a este juego no se puede jugar con cualquiera, la que rompió todas mis ventanas y me hizo recomponerme.

Te he dedicado muchas palabras, muchas historias, demasiadas diría yo. No más ventanas, no más personas rotas, no más decepciones. Bienvenida a tu ultima historia, mis últimas palabras y lo poco que queda de esta ventana.

Se acabó.

Rota.

DECISIONES
DESGARRADORAS

Después de ser cómplice de la oscuridad durante años y quererla y detestarla al mismo tiempo, conseguí revelarme. Las cosas ya no eran como ella quería, aunque a veces volvía para alimentarse de mis miedos y recaía, cada vez era más fácil domarla.

Un día, después de una larga persecución, conseguí encerrarla en la jaula donde me tuvo retenida durante años. Me vengué por todo el daño causado, le conté las mismas historias, le hice los mismos juegos, incluso le hinqué con la misma fuerza los cristales de su alma, tal y como había hecho conmigo. Por fin gané, la derroté, por lo que dejó de gritar e intentar escaparse.

Pero cada noche mientras dormía, detrás de mis pensamientos, desde su jaula me miraba a los ojos y cantaba con delicadeza los mismos versos que años atrás me hicieron enloquecer, aun así, conseguí ignorarla. Hasta que un día me tendió una trampa y volví a caer en sus redes, pero esta vez en un lugar lleno de dolor, autodestrucción y desprecio. Cuando abrí los ojos, la culpa, el vacío, la tristeza y la soledad, invadieron cada poro de mi piel, fue ahí cuando me di cuenta de que me encontraba dentro de su alma.

Ese día lloré y grité hasta quedarme sin voz, porque sabía que solo conseguiría salir de allí pagando un alto precio. Jamás volvería a ser la misma persona, y así fue. Lo que ella no sabía es que eso me haría invencible para siempre.

FUEGO

Desgarrada ansiedad

Primer aviso, primer balazo, primera herida. Los versos de aquella maldita canción se repetían en mi cabeza sin parar una y otra vez, mi respiración se aceleraba, mi llanto no cesaba, cada lágrima era como una puñalada en el corazón, mi cuerpo estaba rígido, inquieto.

Grité, grité con todas mis fuerzas, no podía luchar contra semejante dolor, estaba devastada, horrorizada, perdida, hundida. Literalmente estaba sintiendo cómo poco a poco se me desgarraba el corazón, así fue.

Debido al balazo me estaba desangrando con cada palabra que retumbaba en mi maldita cabeza, era como si estuviera recibiendo una paliza. Un golpe, otro, otro, otro y otro, hasta que caí rendida buscando un consuelo que nunca llegó.

Mi corazón y mi cuerpo quedaron destrozados, magullados por el sentimiento más amargo que había experimentado en toda mi existencia. Esa tarde sentí cómo una tormenta eléctrica caía sobre mi pecho y destruía una parte de mí con ella.

No volví a ser la misma.

Ego

Pisando fuerte
te clavo mis cristales.
Observando tu muerte
destrozo tus pilares.

El veneno de mi boca
me deshace me provoca
sí, me descoloca,
pero nunca me destroza.

Vivo en lo más alto de mis historias
y pararme quieren
pero lo que no entienden
es que estoy caminando y no tropiezo,
que estoy ardiendo y no me quemo,
porque soy fuego y siempre prendo.

Animales

El tiempo sin verte hacía que tuviera aún más ganas de sentirte. Desde el principio los besos no eran los mismos, tenían otro sabor. El aire caliente de tu boca sobre mis labios era demasiado irresistible. Tu lengua hacía dibujos infinitos que terminaban donde empezaba mi sonrisa. La presión que ejercías sobre nuestros cuerpos era insoportable, tus ganas de sentirme hacían que se me tensara todo el cuerpo.

Cuando nos quisimos dar cuenta el mundo dejó de existir, nos mirábamos a los ojos y cada mirada era una conversación. Tus caricias empezaron a ser el inicio de cada frase, tus besos los conectores de éstas y cada movimiento era la afirmación de todo aquello. Sentí algo inexplicable. Sentí verdad, sentí realidad, me sentí animal, nos sentí animales.

No nos hizo falta ninguna palabra, solo el roce de nuestra piel, el gesto de tu mejilla buscando la mía, tu respiración conectándose conmigo, el silencio rompiéndose en cada jadeo de placer, tu manera de agarrarme la cara con tanta delicadeza, la forma en la que se entrelazaban nuestros movimientos, los besos en cada rincón de mi piel, el sonido de nuestros pensamientos...

Aún nos recuerdo tumbados después de aquello, tocándonos como si nos fuéramos a desgastar, mirándonos sin pestañear, amándonos más que nunca.

3:00AM

Mis lágrimas no me dejan ver con claridad la realidad. Mil pensamientos vagan por mi cabeza preguntándome si merecerá la pena tanto dolor por mantenerte en mi vida.

3:05AM

¿Por qué me estoy empeñando en quedarme? ¿Por qué estoy poniendo todas mis fuerzas en no perderte?

3:15AM

Las preguntas van apareciendo una tras otra, mientras se amontonan en mi cabeza y cada una pesa más que la anterior.

3:20AM

Siento que me estoy yendo, que me estoy perdiendo.

3:30AM

Cierro los ojos, para intentar ver con claridad lo que hay en mi interior. No consigo entender lo que me grita mi corazón.

3:35AM

¿Cuántas noches más sin dormir? ¿Cuánto más piensas aguantar? ¿Por qué?

3:45AM

Abro los ojos, pero no consigo que las lágrimas cesen.

3:50AM

Definitivamente, siento que me estoy volviendo loca. Supongo que ya no puedo pensar con claridad después de estar tres noches sin dormir.

Primera decisión

Aún recuerdo nuestro último beso, paré el coche en la puerta de tu casa y te besé sin saber que aquello terminaría. Fue un beso distinto, duró más que algo cotidiano. Cuando cierro los ojos aún puedo sentir la calidez y suavidad de tus labios.

Después, todo ocurrió muy rápido, las piedras caían sobre mi espalda con fuerza, haciendo que la culpa aumentara en milésimas de segundo. Tus palabras se clavaban en mis ojos como alfileres ardiendo y tu indiferencia pateaba mi corazón como si de un juego se tratase.

Lloré, te abracé, te toqué, te sentí como nunca, sabía que se había acabado para siempre y quise aprovechar cada parte de ti. Quería recordar ese olor que tanto te caracterizaba, las manos que tantas veces habían sido refugio, esos ojos que tiempo atrás me llenaron de amor y ternura, los brazos que se fundieron cada noche en mi cuerpo hasta formar parte de mí... necesitaba tener todos mis sentidos a flor de piel para no olvidarte nunca... y no sé qué fue más doloroso, si la extrema languidez de tu cuerpo o saber que no volvería a verte.

El día que el corazón comenzó a reinar

Al día siguiente de haber tomado la decisión más difícil de mi vida, caminaba con el alma fuera de mí, sin pensar. Seguía fuerte, dura, mental, intentando que el corazón no abriera la puerta. Hice mi vida como si nada me importase, como quien va caminando y no sabe a dónde. Todo estaba bien, o eso quería creer.

Durante esos días, el corazón iba y venía probando con mil llaves en busca de mis pensamientos para desestabilizar cada uno de ellos, pero una vez más, consiguieron construir una puerta blindada con cientos de cerrojos. Lo que no sabían mis pensamientos es que el corazón era inteligente y ágil por lo que nunca se cansaría de buscar una estrategia, una salida o un atajo.

Los pensamientos continuaron felices, paseando a sus anchas por todo mi cuerpo y mente, dándome esa confianza, estabilidad y armonía que necesitaba. Pero un día se activaron las alarmas, el corazón se había escapado y nadie sabía cómo, ni dónde se encontraba, todo estaba descontrolado. Entonces de repente… boom.

Todos mis pensamientos y emociones retumbaron en cada rincón de mi ser. El corazón había decidido fabricar una bomba, para romper todos los impedimentos que le habían puesto mis pensamientos y, desde ese momento, nada volvió a ser como antes, el corazón arrasó con todo lo que encontró a su paso y comenzó a reinar.

Maldita nostalgia

Camino sobre mis pasos recordando cada último suspiro que nos dimos. Paso por las calles donde fuimos felices, recordando el eco de tu risa en cada uno de mis vértices.

Recuerdo aquel abrazo en cada poro de mi piel, las noches eternas mirándonos, sintiendo la electricidad de nuestra conexión, saboreando los besos que nos hicieron cómplices de aquella historia. Anhelo aquellos ojos que me querían, me cuidaban. Siento todavía nuestro dolor en cada canción, mis versos siguen gritando, retumbando en ese vacío.

Hay días en los que la culpa me quema y las cenizas me nublan, rompen mis esquemas. Esto me hace sentirme rota, qué sensación tan familiar…

Me entristece pensar cómo no supimos encontrarnos, cómo tuvimos que destruirnos lentamente para asumir que ya no éramos, que sí que fuimos, pero que ya no podíamos ser.

Recuerdos digitales directos al corazón

En el momento que más feliz estás, ahí es cuando una notificación salta para alterar la química de tu cerebro.

Mira este recuerdo del 15 de septiembre.

Entonces entras y el mundo se te viene abajo y, cuando pensabas tenerlo superado, el iPhone te recuerda que solo muere quien es olvidado, por lo que mala suerte, todavía no has matado a nadie, genial.

Una de tantas

Creo que es hora de decir adios. Sí, quizás he estado alargando mucho el momento, pero ya no puedo quererte como quieres. Nuestra confianza está rota y a mí el miedo me grita al oído. No puedo olvidar cómo mi corazón se rompió dejando un vacío desgarrador. Pensaba que estaría mejor, pero las dudas y remordimiento me ahogan.

Tengo insomnio, otra vez, me lo provocas, o más bien me lo provoco. Me pesan los párpados de intentar no dormir para no soñar, ahí no puedo controlar.

Hoy me duele el corazón, me duele como aquel día, cuando pensaba que jamás te volvería a ver... me duele, no quiero decirte adiós, pero ya no puedo quererte como quieres. Me siento rota, desgastada, ahogada y cansada.

Tengo miedo, pero creo que es la hora.

Pensando pensamientos

Quiero que me vuelvan a abrazar cuando el mundo me destroce.

Que me hagan creer en el amor como aquel invierno.

Que me besen bonito bajo las estrellas de cualquier ciudad.

Que me hagan reír en cada esquina de mis días.

Que me miren profundo sin darme cuenta.

Que me acompañen en cada proyecto que me haga feliz.

Que me cuiden cuando mis versos griten auxilio.

Que acaricien mis heridas sin pedir explicaciones.

Quiero que me quieran como me quisiste en el principio.

Título

No encuentro las palabras para describir cómo fue todo lo que me hizo cambiar. ¿Fue el momento? ¿La situación? ¿La persona? ¿El lugar? No sé. Lo único que sé es que menos mal que ocurrió. Estaba ciega, no era la persona, eran los recuerdos, las sensaciones, el pasado… pensaba que eras insustituible y me he dado cuenta de que nadie lo es.

Soltar (te)

Quizás nunca supe cómo soltar. Quizás nunca quise aprender a hacerlo porque ni siquiera sabia por dónde empezar.

Quizás me sentía demasiado abrumada por tantos sentimientos indescifrables.

Quizás nuestro lazo emocional me encontró rota y llegó para atarme con tanta fuerza que ahora no sé cómo deshacerlo.

Quizás los años me crearon cicatrices irreparables.

Quizás siempre quise aferrarme al último latido de aquel día idílico.

Quizás nuestros momentos me llenaron tanto de inmensidad que me he perdido en ella.

Quizás esas noches de arañazos y caricias me hicieron adicta a tus rugidos.

Quizás tus ojos me miraron de forma tan bella que ya no puedo verme en otros.

Quizás tenga miedo de sentir el vacío y la culpa de aquel verano.

Quizás mi corazón no se recuperó nunca de aquel primer balazo ensordecedor.

Quizás nuestros cuerpos fueron en sintonía durante un instante y no supimos parar.

Quizás me enamore ciegamente de ti.

Quizás lo hice mal.

Y seguramente, por mil razones más, quizás nunca aprenda a soltar(te).

Disyuntiva

Nunca pensé que algo tan efímero me pudiera hacer tanto daño. Todavía espero que aparezcas en cualquier esquina y me digas que todo ha sido un malentendido, para correr a tus brazos.

Aún espero ese mensaje diciéndome que te has equivocado y que lo que quieres soy yo. Voy de camino al trabajo y veo tu fantasma en ese parque esperándome con una sonrisa.

Cómo le explico a mis sábanas que ya no quieres saber nada de ellas. Cómo le digo a mi piano que ya no volverá a escuchar esa melodía que nos hacía reír. Las noches ahora son un poco más amargas desde que tu voz no me da las buenas noches.

Parte del proceso

Olvidarnos y aprender a querernos de otra forma ha sido lo más difícil que he tenido que experimentar en toda mi vida.

Sentir que todo lo que hemos luchado por querernos bien no ha valido para nada, me duele.

Pensar que tanto dolor no ha merecido la pena, me mata. Y darme cuenta de que juntos no íbamos a poder ser felices, me destruye.

L6

Me preguntan por ti sin saber que ya no estás y yo tengo que fingir que todavía me llegan tus mensajes, con una sonrisa vacía. Lo hago porque aún tengo la esperanza de que vuelvas diciéndome que lo quieres todo conmigo.

No sé cuánto tiempo más pienso esperar, solo sé que sigo en la L6 dando vueltas, con la esperanza de que algún día te bajes en la misma parada que yo.

Cada uno de mayo

Cuando empiezan a notarse los primeros aleteos del verano, mi cuerpo recuerda el sabor amargo de aquella tristeza. Después de veinticuatro meses todavía no puedo escuchar las canciones que me vieron llorar a escondidas porque siento que, desde hace dos años, algo en mí se rompió para no volver a reconstruirse jamás.

Y ya no duele por ti ni mucho menos, sino porque en mi corazón aún hay cicatrices que supuran y momentos destructivos inolvidables. Incluso palabras ajenas me recuerdan que no volví a ser la misma después aquello y hoy en día sigo pagando con ansiedad lo ocurrido ese verano.

Cómo asumo y le digo a mi presente que todavía quiero desaparecer cada vez que noto cómo llegan esos primeros rayos de sol para rozar mis mejillas. Que reconozco esa punzada en el pecho cada doce de mayo donde el corazón se hizo con todo y comenzó a reinar. Que me da pavor que vuelva ese vacío para gritar tan fuerte en mi interior, nublarme los sentidos y querer acabar con todo.

Cuando cuento que me perdí, lo digo con la misma firmeza que cuando explico que no eres tú lo que duele. Es el miedo irracional que siento cada vez que el olfato, el oído y la vista se activan ante cualquier señal, eso hace que mis heridas sangren inconscientemente.

Así que sí, aún estoy aprendiendo a vivir con esta sensación traumática y angustiosa en el estómago cada uno de mayo.

No sé como

Tengo que obligarme a mirarte con otros ojos, para no recordar lo mucho que me encantaba mirarme en los tuyos. Debo confesarme todas las mañanas frente al espejo lo que mis pensamientos me gritan cada noche. Me muero por volver a tener esa sensación donde nos perdíamos en cada caricia. Lucho para quererte de otra forma porque deseo ser todo para ti.

¿Cómo aprendo a verte de otra forma cuando me lo diste todo sin pedir nada a cambio? ¿Cómo aprendo a olvidarte si te fuiste de la noche a la mañana sin ni siquiera preguntar? Lo siento, no puedo, no sé cómo desintoxicarme de la adrenalina a la que me hiciste adicta.

Una parte del duelo

Cómo te explico que me rompiste en mil pedazos, que me quebré intentando sacar algo de ti que no podías darme. Luché tanto por nosotros que me quedé sin aliento y ahogada en un mar de dudas. Odiaba quererte con tanto corazón, al final la única que salió perjudicada fui yo. Necesitaba todo de ti en los momentos más desgarradores y tu consuelo nunca llegó.

En cambio, ahora miro todo aquello y solo puedo pensarte con anhelo, supongo que nunca supimos encontrar ese equilibrio del que tanto hablan. Aunque me molesta que tus palabras se hayan esfumado tan rápido como el tiempo, me siento engañada, después de todo, yo sí que estaba dispuesta a estar a tu lado.

A veces te recuerdo pero, por suerte para mí, ya no ocupas mis pensamientos de la misma forma que antes. A pesar de todo, quiero que seas feliz, aunque ya no sea juntos y no vaya a estar para verte sonreír. No sé si esto que siento desaparecerá, pero por lo menos mi almohada ya no pide explicaciones y mis manos han dejado de buscarte a todas horas.

Hoy solo puedo agradecerte todo lo que me ha enseñado esta etapa. Aunque el final fuera algo destructivo, el comienzo fue mágico, me quedo con eso. Gracias por enseñarme a querer libre, a saber que el dolor sana con el tiempo pero, sobre todo, por hacerme sentir que contigo no me equivoqué.

Perdón

Hace días que no duermo, que las ojeras me acompañan a todas partes y las lágrimas sujetan la poca vida que me queda.

Vuelvo a sentir el corazón desbordado por el dolor hecho pedazos. Él me pregunta que por qué. ¿Por qué le he hecho tanto daño con lo mucho que me ha costado sentirlo? Porque sí, esta vez la amargura la han provocado mis decisiones.

Siento absoluta decepción con mi persona y la verdad que es bastante duro leerlo así, pero es la realidad. Antes miraba mi reflejo sabiendo que lo mejor de mí no podía verse ahí, pero ahora cada vez que me miro, me cuesta reconocerme. Ahora solo veo aquel fantasma que fui y un corazón magullado pidiendo a gritos que le perdonen.

DECISIONES SANADORAS

El amor siempre ha jugado una parte muy importante en mi vida. No hablo solo de amor romántico, sino también de amor propio, familiar y amistoso. De una manera u otra, todos calan de una forma muy profunda.

Dicen que el amor mueve montañas y yo no sé si será cierto o no, pero de lo que estoy completamente segura es de que el amor llega con fuerza, te abraza, te hace sentir única, segura, valiente y con su intensidad sopla tan fuerte que puede derruir todos tus cimientos hasta hacerte vulnerable.

El amor es inteligente porque también duele, amarga, anula, desestabiliza y destruye cada poro de tu piel para que aprendas a recomponerte. Es la antítesis, porque cualquier tipo de amor te enseña que sanar reconstruye, pero también rompe.

Estas últimas páginas son cartas que nunca me atreví a daros, sentimientos ocultos, secretos, incertidumbre, dudas, pero sobre todo crecimiento. Por fin, puedo decir que planté mis semillas en la tierra correcta.

TIERRA

Almas amarillas

Fui tonta por creer que algún momento me volverías brindar esa confianza que perdí en ti. Me duele solo pensar en tus ojos llenos de rabia. Me dueles y quiero olvidarte.

Nunca quise creer en esa frase de: "todo lo bueno se acaba", hasta que se hizo realidad. Si hace unos años me llegan a decir que acabaríamos así, no me lo hubiera creído. Sabías todo de mí y yo de ti, fuiste mi pilar más importante durante años. Es cierto que cometimos errores, pero no te culpo, ya no, ahora solo quiero que seas feliz… pero lejos, es mejor así.

Ya no te reconozco, eres otra persona, y yo también, lo sé. Es momento de pasar página, acordarnos solo de lo bueno, de esos momentos tan especiales que ambas nos regalamos y para nosotras quedarán. Aún sigo enamorada de aquella pequeña luz que desprendíamos, de tu recuerdo, de las risas descontroladas y de nuestros abrazos llenos. Hablo en pasado porque ya no somos, ni seremos con nadie más, éramos especiales, y lo más gratificante es que te recuerdo con cariño, ya no hay ni pena, ni rencor, ni rabia… hay paz.

Te quise.

Agosto fugaz

Algo fugaz como aquel agosto fue lo que me hizo despertar. Las madrugadas cantándole a la luna me hicieron darme cuenta de que no, que ahí no era. Aunque ese mismo mes mi caos estuvo muy presente destruyendo y abriendo brechas en mi vida y en alguna otra.

Ahora quiero gritar que se acabó, se acabó buscar mis raíces en otra tierra, esas sensaciones que me hicieron volar, en cambio ahora ni siquiera despego. Me siento bien, me siento en paz, no quiero que esa paz dure un agosto, ojalá que no... pero algo me dice que sí. Saldré de este ensueño más fuerte, he aprendido a base de prueba/error y no me arrepiento.

Me encanta vivirlo todo con desenfreno y descontrol, por eso luego las caídas son descomunales y destructivas, aun así, sigo sin arrepentirme. Todavía me siento sola e incomprendida ante tanta intensidad, pero seguiré luchando por entender ese fuego que me hace ser.

Me perdí hace más de 12 meses y tengo el corazón reconstruido, pero algunos pedazos siguen enquistados en tu pecho, devuélvemelos, nunca me preguntaste si podías quedártelos. Aunque sinceramente ahora ya no me importa, han crecido nuevas raíces en el vacío de mi corazón y lo mejor de todo es que son de cosecha propia, nadie vino a poner la semilla.

Corazón verde

Lo hice porque no quería olvidar lo que fuimos, ni todo lo que aprendí de nosotros. Lo hice, porque hablamos un millón de veces con el alma en las manos y el corazón al descubierto que sí, que lo haríamos juntos.

Lo hice porque nuestro amor fue lo más real que viví durante años y ahora el tiempo amenaza con llevarse mis recuerdos. Lo hice porque conseguiste que amara partes de mí que detestaba.

Lo hice porque luchamos hasta que no pudimos más aunque pusimos demasiado dolor en juego. Lo hice porque te amé como nunca lo hice con nadie, sin mirar, sin juzgar, con el alma. Lo hice para darme cuenta de lo que sí repetiría y de lo que no soportaría.

Lo hice para no olvidar lo duras que son las despedidas y lo necesarias que son para poder avanzar. Lo hice por lo que significaste para mí. Lo hice porque todavía te quiero.

Sí, lo hice, grabé en mi piel un parte de nosotros cuando ese nosotros ni siquiera existía.

Un verano interminable

Fuiste mi primer amor de verano, siempre había escuchado mil historias con finales imposibles, momentos complicados, vidas destinadas a estar separadas, pero nunca me creí nada, hasta que te conocí, hasta que nos conocí. Es cierto que fuimos muchísimo más que un amor de verano, es más, nos pasamos demasiados días intentando despedirnos, pero resultaba imposible. Coincidimos y conectamos cuando más necesitábamos encontrarnos, nos dimos paz, cariño, diversión y estabilidad en un momento lleno de ansiedad, insomnio y descontrol.

Había días en los que pensaba que vivía en una comedia romántica malísima, aunque nunca llegué a creerme nada, hasta que decidiste irte. Ese día se hizo realidad, te quería… y era demasiado tarde para echar marcha atrás. Intenté protegerme, hacerme de hielo, pero conseguiste derretirme.

Me dolió, me dolió saber que te perdía, que ya no iba poder hacer contigo todo lo que me gustaría, que el tiempo pasaría y nunca estaríamos otra vez en mitad de la carretera, en silencio, viendo a lo lejos los relámpagos de una tormenta eléctrica, disfrutando del momento y de nuestra compañía.

Quizás no estábamos hechos para vivir una larga historia, tampoco sé si lo que viví fue del todo real, pero ten claro que ésta corta y bonita historia la recordaré siempre. Por eso sé que por muchos días de verano que intentemos decirnos adiós, tú y yo nunca conseguiremos despedirnos.

El día que volví a verte

Aún recuerdo el vuelco que me dio el corazón, la ansiedad tan familiar que se me removió en el estómago, el temblor de mis manos, mi respiración agitada, los pensamientos fugaces buscando la forma de huir de allí y mis deseos de desaparecer cada vez que escuchaba tu voz a lo lejos.

Quería irme, me sentía incómoda, fuera de lugar, como si aquel sitio fuera solo tuyo, así que no tardé más de cinco minutos en levantarme. Cada paso que daba pesaba, no sabía cómo iba a afectarme aquello. No me salían las palabras, así que te llamé sin voz, te sorprendió, pero sabías que no iba hacer como si no te conociera por mucho que no estuvieras solo.

Conforme te ibas levantando, más me temblaban las piernas, y más surrealista me parecía la situación. Fuimos directos a abrazarnos y ahí me di cuenta de que temblábamos los dos, pero sentí que tenías las mismas ganas que yo de hacerlo así que lo hicimos con fuerza y de forma muy sincera. Lo peor de todo fue cuando casi me desmayo al entrar en contacto con tu olor otra vez, se me había olvidado lo adicta que era a esa sensación. Por un momento, cerré los ojos y volvimos a estar abrazados en tu cama, un viernes por la noche, con tu ropa, viendo una película mala, peleándonos por quién ponía la pierna encima del otro.

Cuando volví a la realidad te miraba y me costaba concentrarme en lo que me decías, es más, no me acuerdo de nada. Solo sé que nos mirábamos con sinceridad y ahí me di cuenta de que daba igual el tiempo que pasase, que siempre nos íbamos a querer, aunque no fuera de la misma forma. Creamos tal lenguaje entre nosotros que ya no podremos comportarnos nunca más como dos simples conocidos.

Me fui con el corazón lleno porque, por primera vez después de mucho tiempo, por fin dejé de sentir tu rencor, tu rabia, tu orgullo, me habías perdonado de verdad. Esa noche nos miramos con anhelo, comprensión y cariño, sabiendo que nuestro tiempo juntos había terminado y nuestros caminos se habían separado. Ese día, se hizo realidad lo que ya sabíamos que había pasado hace meses.

Te miento si te digo que no me dolió, pero la verdad es que en mi corazón hubo un seísmo de pequeña escala, que me podría haber destruido si mis cimientos hubieran sido frágiles. Pero por suerte, esa vez sí que sobreviví al balazo.

De cien a cero

Recuerdo cada lugar prohibido en el que nos vimos. Nuestros besos a escondidas. Las paradas de metro donde me mirabas sabiendo que lo que hacíamos no estaba bien. Las noches interminables luchando por contenernos las ganas. Las risas descontroladas a las siete de la mañana. Todas y cada una de las cervezas que brindamos.

Me llenaste la cabeza de historias imposibles, palabras inciertas y momentos fugaces. Me ilusionaste para pasar de cien a cero en cuestión de segundos. Las historias realmente no llegaron a escribirse, las palabras se esfumaron y los momentos se quedaron congelados.

Supiste hacerlo demasiado bien, me encandilaste con tus palabras como si de un canto de sirena se tratase. Me creí cada mirada, cada caricia, cada momento, cada sonrisa, todo. Me dejé hechizar sin darme cuenta, hasta que desperté de ese sueño y pude coger aire fuera de esa nube que te rodeaba. Nuestros besos se desvanecieron con mis ganas de quererte y tus promesas se transformaron en decepciones. Me desilusioné porque cuando más te necesitaba menos estabas.

Pensaba que igual era mi culpa por esperar algo de alguien que apenas conocía de unos pocos meses. Nunca quise creerte, pero me repetiste tanto las mentiras que acabé haciéndolo. Me avisaron y no quise escuchar.

Pero no fue mi culpa, fue la tuya por no saber decirme a tiempo que los cuentos, cuentos son.

S-11

Ahora que te tengo, las dudas llaman a mi puerta, es curioso, porque realmente no sé si quieres quedarte o me estoy engañando. No quiero pensar que todo es mentira, quiero creer, algo dentro de mí sabe que esta vez es distinto, siento que es real, porque desde el primer instante lo fue y, por suerte o por desgracia, ahí empezó la guerra.

Las madrugadas se han vuelto más especiales desde que bailamos bajo las estrellas, cómo te digo que quiero que Plaza España nos vea pasear todos los días como lo hicimos en otoño, que mi cama nos pregunte cuándo saldremos de ella y las sábanas nos arropen tan fuerte que queramos destaparnos.

No quiero que esta sensación termine, ni levantarme después de dormir toda la noche en tu pecho, porque por primera vez desde hace mucho tiempo siento que por fin llegó la calma y tú viniste con ella, transformando todo aquello que a mí me pesa en una anécdota de la que reírnos.

Cuando desapareciste

Contigo se me activaron todas las alarmas que ya tenía desconectadas. Yo antes iba con mi pequeño libro de instrucciones bajo el brazo y siempre que iba a dar mi confianza, jugaba a un juego, y es que la otra persona me daba su libro y yo el mío.

Pero contigo se me olvidó, porque la persona que estuvo antes de ti me devolvió el libro intacto y sin ninguna hoja rota. Me quiso con el alma y, lo más importante, me quiso sin dudar. Solo pido eso, que me quieran sin dar un paso atrás, con el corazón en llamas y el pecho al descubierto. Sé que no merezco otra cosa, y no sé por qué contigo me conformé con las migajas que sobraron de ese amor a medias.

Ahora ya no sé qué hacer con este miedo irracional, que me corre por las venas cada noche cuando recuerdo en lo insignificante que me hiciste sentir al desaparecer. No sé como disimular estos ojos tristes y cansados de tanto mirar la pantalla de mi móvil cada dos segundos buscando una respuesta al dolor que siento en mis entrañas. Necesito que me expliques qué coño hago con esta desconfianza que me has condenado a experimentar de por vida. ¿Por qué? ¿Por qué yo? No lo entiendo. Si querías matarme solo tendrías que habérmelo dicho y lo hubiera hecho yo misma.

Es increíble cómo has conseguido poner mi vida patas arriba, volverme loca, romper mis esquemas y romperme.

Nunca quise irme

¿Cómo te vas de un sitio cuando quieres quedarte? Esa pregunta se repetía en mi cabeza cada vez que nos escuchaba reír.

¿Cómo iba a conseguir dejarte atrás después de aquello? Después de aquellos días, donde intenté despedirme sin querer hacerlo porque supuestamente era lo correcto.

Tengo cada instante grabado en mi retina, cada caricia escrita en mi piel y un pequeño rastro de tu sabor pidiendo un último beso de despedida. Todavía recuerdo cómo me decías que me querías con la mirada y con tu silencio me pedias perdón.

Intenté analizar cada parte de ti, para no olvidar nunca lo feliz que nos hicimos en aquella corta pero intensa historia de amor. Te abracé tan fuerte aquel domingo por la noche, por si en algún momento despertaba de la pesadilla que era perderte.

Una parte de mí siempre supo que teníamos que dejarnos ir, pero necesitaba intentarlo, porque sabía que si empezaba a olvidarte sin haberlo hecho, siempre me quedaría con la duda. Me consuela saber que ya soy parte de ti, de tu historia y que ambos sentimos esto de la misma forma. Pero me mata saber que al final no fui yo, sino el momento, por eso no sé qué duele más, si saber que te he perdido o estar escribiendo esto cuando aún tengo rastros de ti por mi cuerpo y tu olor en mi ropa.

Personas = etapas

El traqueteo del metro me saca de mis pensamientos, ¿dónde estoy?, ¿cómo he llegado aquí?, ¿cuánto tiempo llevo en automático? Miro el reloj: 15 de enero de 2024. Me sorprendo a mí misma buscando una mirada de complicidad que se sienta como yo, pero no la encuentro. Miro tras de mí esperando encontrar el metro abarrotado de gente, pero solo veo asientos vacíos. Me quedo totalmente paralizada y cierro los ojos esperando despertar de esa pesadilla. Un giro brusco consigue desestabilizarme y rápidamente me sujeto.

Cuando abro los ojos todo ha vuelto a la normalidad, es ahí cuando me doy cuenta de que el vagón de metro que veo en mis sueños representa a todas las personas que he perdido por el camino de las que ya no queda ni su fantasma. Sinceramente, me alegró que no estuvieras.

Mi niña interior rota

No voy a negar que a veces me siento sola y mi niña interior necesita ese abrazo antes de dormir. Me he pasado mucho tiempo de mi vida fingiendo ser alguien que no soy, protegiendo mi corazón de cada puñalada que sabía que podía matarme. Siempre he disfrazado mi debilidad de falsa fortaleza cuando sentía que el mundo se caía, porque necesitaba refugiarme de esos golpes que me daría la vida. Me mostraba como una persona fría que no necesitaba afecto, ni amor, ni caricias, ni besos… quería que me tratasen como yo lo hacía conmigo misma, con dureza, sin cariño, ni respeto.

Hasta que llegó mi persona sanadora para calmar todo el daño que me causé y besó todas y cada una de mis cicatrices consiguiendo que mi pequeña niña dejara de llorar. Durante el proceso descubrí quién era realmente, me di cuenta de que me encantan los abrazos a todas horas, que las muestras de cariño ya no me asustan, que recibo mi sensibilidad sin juzgarla y, aunque a veces intenten apagar mi luz, soy invencible, ya que he conseguido respetarme y quererme tal como soy.

Nadie puede hacerme daño fácilmente, ya no, más del que me he hecho yo misma, nadie.

Agradecimientos

Cuando empecé a escribir este libro hace ocho años no tenía ninguna intención de publicarlo, ya que el miedo a mostrar esta parte de mí me frenaba. Aunque había días en los que una pequeña fuerza interior me empujaba a enseñar varios fragmentos a algunas personas de mi entorno. Gracias a estos pequeños gestos de valentía, pude darme cuenta de que la forma de contar mis vivencias hacía que la gente se emocionase.

Gracias a todas esas personas que me escuchasteis recitar a altas horas de la madrugada mis primeros textos. Gracias, porque vuestra reacción al escuchar algunas partes de mi historia me hizo reaccionar a mí.

Gracias, a mi familia y amigos, que cuando se enteraron de que iba a publicar mi primer libro me apoyaron incondicionalmente.

Gracias, porque verdaderamente este libro no habría sido posible sin todas esas personas que formaron y forman parte de mi historia, ya que han sido inspiración para mí.

Pero de lo que más orgullosa me siento es de la persona en la que me he convertido después de todos estos años de crecimiento personal. Supongo que tanto dolor mereció la pena.

Espero que hayáis podido encontrar vuestro hueco en este libro, ya sea para bien o para mal.